La Mujer Puritana

David Lipsy

Índice

Mujer Puritana

I. La joven hija Puritana

La joven puritana era enseñada desde la más temprana edad en aquello que dice la escritura: "Hijos, obedeced a vuestros padres en el Señor porque esto es justo". No es el caso de apenas hacer lo que es correcto, justo, donde la obediencia filial es exigida por el superior y obedecida en subordinación por el inferior. No, antes, el énfasis recaía en aquello que es correcto hacer: agradar al Señor.

Los padres de ella sabían que la familia es la sociedad original, el aliciente para todas las otras. Si la hija fracasa en esas lecciones fundamentales de obediencia, sumisión, respeto compasión, etc. Ella seria inadecuada como futura esposa, madre, para no mencionar como alguien que de esa manera debería servir a Dios. John Angell James escribe: "¿quién no sabe que la base de calidad de un imperio está en la constitución doméstica, y en la familias bien entrenadas?".

La primera profesora de la hija puritana era generalmente su madre. Las lecciones eran prácticas y por necesidad necesitaban de una participación activa considerable. Los deberes domésticos abundaban, ya que la mujer puritana no solo era esposa y madre, además también costurera, contadora, a veces señora sobre una o más siervas, y dominaba otros emprendimientos domésticos no muy distantes de la escena bíblica ilustrada en Proverbios 31.

Los padres, especialmente las madres, procuraban resaltar ciertas cualidades en sus hijas. Esas cualidades que la madre procuraba ella misma cultivar. Entre esas cualidades estaba un sentido de sumisión obediente, ternura, que un autor caracterizo como un "poder pasivo...que antes atraía en vez de dirigir", auto negación, fortaleza ("No, dice un escritor, "el coraje que lleva a los hombres a boca de cañón...sino aquella que es manifestada al soportar sufrimiento físico, o daño de pobreza...las tinieblas de la soledad..." etc.) así como un carácter de amor.

Yo llevaría más que una conferencia entera para sumar de forma adecuada esto mismo el volumen del puritano John Ángel James sobre Female Piety (la piedad femenina), un libro del cual usted va a oír no pocas citas a partir de ahora.

Mujer Puritana

Más rápido que en nuestra sociedad, la Joven puritana maduraba precozmente y entraba en la próxima etapa en su joven vida...

II. La Joven Mujer Puritana

Educación

Los puritanos eran conocidos por su devoción a la educación en todos los niveles. Jeremiah Burroughs una vez escribió: "hay poca esperanza en niños que son educados de forma impía. Si el color está en la lana, es difícil quitarla de la ropa".

Los estatutos de Emmanuel College, la facultad más puritana del antiguo Cambridge, afirman: "Hay tres cosas que deseamos sobre todos los miembros de esta facultad posean, a saber, adoración a Dios, el crecimiento en la fe e integridad (honestidad, sinceridad) moral".

En cierta ocasión cuando el reformador John Knox se dirigió al consejo de Escocia, él dice ser "muy cuidadoso para con la educación virtuosa y piadosa de los jóvenes de este reino" para "El avance de la gloria de Cristo".

Entre los primeros documentos pertenecientes a la fundación de la Facultad de Harvard encontramos: "Que el estudiante sea plenamente instruido y seriamente presionado a considerar bien que el principal fin de su vida y de sus estudios es conocer a Dios y Jesucristo que

es la vida eterna (Juan 17:3) y por eso colocar a Cristo en la base, como el único aliciente de todo conocimiento y aprendizaje saludable".

Un modo de frustrar a Satanás, pensaban los puritanos, era educar a las personas en la literatura y estudio de la Biblia. Años antes, Lutero había escrito: "Yo no aconsejaría enviar a ninguno de sus hijos donde las sagradas escrituras no son supremas". Hoy, nosotros también educamos a nuestros hijos en hogares. ¿Algunavez ya les hablamos que el uso primario de sus habilidades para la lectura debe ser para escudriñar las Escrituras? Aun en los principios de la Universidad de Harvard, los estudiantes eran obligados a leer las Escrituras en privado (de forma no publica-NE) dos veces al día examinándolas dentro de lo posible. ¿Nosotros tenemos esas prácticas en nuestras casas? ¿Nosotros conversamos con nuestros hijos acerca de su día en la escuela, particularmente lo que ellos aprendieron de las Escritura en ese día? ¿Nosotros verificamos personalmente que, si nuestros hijos frecuentan una escuela, esa escuela es verdaderamente centrada en la Biblia?

La educación puritana era de forma amplia una responsabilidad de los padres. El predicador puritano

Mujer Puritana

ingles Thomas Gataker escribió una vez: "Que los padres puedan aprender…que al implorar por la educación de sus hijos…no estudiar apenas la manera como proveerles la dote …mástrabajar por entrenarlos en la verdadera sabiduría y discreción". Leland Ryken, un notable Historiador Puritano, escribió: "Es importante notar que los escritores puritanos, en el asunto de la Educación dirigieron la mayor parte de su atención acerca del objetivo de la educación Cristiana a los padres y no a los educadores. En la visión puritana, la educación comienza en casa y es, en última instancia, responsabilidad de los padres, no una sustitución para ellos". Que nosotros nuca podamos hallar que otra persona ahora tenga la responsabilidad por la educación de nuestros hijos, responsabilidad tal que nosotros prometemos asumir en el bautismo.

El objetivo de la educación puritana no era, en primer lugar, inteligencia. Milton, en su tratado clásico sobre la educación, pone mucho menos importancia en cuanto una persona sabe de lo que tipo de persona él o ella es en el proceso de transformarse – especialmente en la relación de él o ella con Dios. ¿Es esta nuestra verdadera principal preocupación? ¿Esesto lo que nosotros estamos procurando en la educación de nuestros hijos, sea en casa o en la escuela?

Los puritanos, como nosotros, enfatizaban en una buena moderada educación en las artes liberales. Mas ellos siempre enfatizaban que los varios asuntos deben siempre tener un objetivo religioso. Ellos no querían una distinción entre los asuntos religiosos y los así llamados asuntos naturales (seculares). Todos deberían estar al servicio de la gloria de Dios y todos debieran ser para el mejoramiento de nuestros semejantes.Las chicas puritanas sea en casa o en la escuela, y como medios permitidos, estudiaban una variedad de asuntos. Además de religión, muchas formas escolares en literatura, caligrafía, música (escrita), matemáticas (de la simples aritméticas a la geometría o algebra), geografía, historia, filosofía y lenguas. William Sprague, en su carta "Onpracticalsubjets to a daughter" (Carta a una hija sobre asuntos prácticos), escribió, entretanto, esta advertencia: "Aunque ahora usted pueda distinguir mucho en el cultivo intelectual... usted no puede programar tener una educación completa, a menos que este bien familiarizada con la economía doméstica". Como nota aparte —observe como el término "economía doméstica" no es un término utilizado por los modernos educadores. "Yo estoy

Mujer Puritana

consciente", el continua, "de que este es un asunto que, de una forma u otra, muchas jóvenes consideran con fuerte aversión; y hay razones para sí tener que, en muchos casos, esta aversión es aumentada al recibir en algún grado la sanción de los padres...más nada que esté relacionado con la supereminencia y dirección inmediata de los cuidados del hogar usted puede ser negligente sin exponerse a sí misma los inconvenientes que ningún futuro empeño podrá ser capaz de remediar completamente".

En fin, el énfasis de los puritanos en la educación siempre retorna al hogar. John James escribió: "El momento decisivo en la educación es el punto de partida". Benjamin Palmer, comentando el texto "Padres, no provoquen a vuestros hijos a ira, mas criadlos en la disciplina y amonestación del Señor" escribe: "La referencia es claramente la familia como una escuela de entrenamiento. Los hijos no nos son dados simplemente para disfrutarlos y cuidarlos, sino para educarlos –para ser educados para esta vida y para la que ha de venir".

La joven puritana, al respecto de cualquier otra cosa que ella pudiese aprender, podía esperar mucho de su educación para poder prepararse para sus deberes futuros en el hogar. La típica joven puritana nunca

Mujer Puritana

frecuentaba la universidad. Seria vista como horror y hasta reprobada públicamente si osase publicar alguna cosa que ella misma hubiese escrito.

En el siglo veinte, nuestras ideas de cierto modo fueron modificadas. Todavía, yo podría imaginar a los puritanos, si ellos viviesen hoy, haciéndonos una pregunta importante: "¿por qué", ellos estarían imaginando, "si la vasta mayoría de sus jóvenes terminan casándose y criando hijos, usted frecuentemente gasta ese tiempo y dinero considerable entrenándolas para aquello que ellas no usaran? ¿Y porque gastan comparativamente tan poco en la preparación para aquello que ellas, siendo voluntad de Dios, muy probablemente harán? En otras palabras, ¿porque emprenden estudios de química, calculo lenguas avanzadas, etc., etc., y no entrenarlas más enteramente en cómo ser una esposa bíblica o una madre bíblica? ¿"Por qué", preguntarían, "ellas aprenden más sobre notebook de lo que aguja e hilo? ¿Porquémás sobre formula cuántica de lo que las fórmulas que son calculadas para mejorar la salud de sus esposos e hijos? Yo no tengo certeza si podría responderles adecuadamente.

Tal vez alguno pueda responder que algunas esposas y madres son también, al mismo tiempo, mujeres con profesiones de tiempo completo. La puritana típica, con una mistura de grabe preocupación y suave espanto, preguntaría en respuesta: ¿Cómo sería posible que cristianos, de todos los pueblos, osaren revirar la ordenanza de la propia creación de Dios y sus planes para las mujeres, de cabeza para abajo pidiéndoles que sacrifiquen un tiempo precioso y energía de su llamado primario dado por Dios y desviarlos para hacer aquello que Dios da normalmente para los hombres? Después de mostrar como mujeres no casadas deberían trabajar para su propio sustento, John James comenta que "En el casamiento...el marido debe ganar con el sudor de su frente, no solo su propio pan, sino también el de su familia". En la sociedad puritana era bien establecido que uno de los deberes fundamentales del hombre en el casamiento era proveer para su esposa y familia con ropas y alimentos adecuados. Para que el pidiera a su esposa que haga eso, excepto en circunstancias que lo priven de poder hacerlo así, era considerado paganismo. La justicia misma reconocía este sustento como parte esencial de dádiva a la mujer como virtud del casamiento.

¿Es posible, amigos, que nosotros precisemos considerar el hecho de que nosotros estamos prestando atención suficiente, tanto en casa como en la escuela y en los círculos de la iglesia como un todo, al tipo y calidad de la preparación que nuestras jóvenes reciben para aquel llamado que la mayoría de ellas un día ocuparan: aquel de esposa y madre? ¿Nuestras escuelas están haciendo eso? ¿Ellas hacen eso lo suficiente? Cómo padres, nosotros estamos indagando en nuestras jóvenes y señoras una alta consideración para con el bendecido lugar que Dios designo para la mayoría de las mujeres: el de esposa y madre.

"Sea Útil"

Los puritanos sabían cómo medir la utilidad de las instituciones de educación. Cierto puritano escribió este sintético padrón para ver el valor de escolaridad de una Joven: "Cuando una joven vuelve para su casa, si ella no es tan buena hija como era antes, cualquiera haya sido la cuestiones que ella pueda haber adquirido en la escuela, hubiese sido mucho mejor que ella no hubiese ido para allá".

Si la escuela y la iglesia hubiesen enfatizado esos valores, los puritanos previnieron al país que no anulasen lo que esas instituciones habían hecho por esas hijas. El puritano Richard Greenham valido esa advertencia, diciendo: "si lo padres tienen sus hijos bendecidos, en la iglesia y en la escuela, que ellos tengan el cuidado de no darles a sus hijos ningún ejemplo corrupto en casa...de otra forma, los padres le causaran más daños en casa que el bien que pastores y profesores puedan hacerles afuera". George Swinnock va aúnmás al punto: "algunos padres", el escribió; "como Eli, crían sus hijos para la ruina de su casa".

En los días del puritano John Angell Jamen, había también y de la misma forma, tendencias educacionales para la distorsión, de un tipo no desconocido entre nosotros hoy, que estaban entonces intentando interrumpir el entrenamiento de las jóvenes puritanas. El escribe: "En la educación moderna, todo no es programado, sino intencionalmente, para preparar nuestras mujeres de modo que se fascinen en los círculos de moda y en las fiestas, en vez que brillan en el retiro de su casa. Pulir el exterior con aquello que es llamado realizaciones, parece ser más la finalidad de lo que es dar un sólido substrato (fundamento) de piedad, inteligencia, buen sentido, y virtud social. Nunca hubo un asunto menos bien comprendido que educación. Almacenar la memoria con hechos, o cultivar un gusto familiar, canto, diseño, lenguajes, y confesionista, son lo último para muchos. El uso del intelecto en el sentido de reflexión profunda, juicio sano, discernimiento no es enseñado como debería ser". "¿Qué es lo que James objeta para la educación de las jóvenes?", usted podría preguntar. La respuesta seria: "Yo quiero que ellas sea adecuadas (de modo que puedan) entrenar hombres y mujeres que serán el soporte de la fuerza y gloria de la nación".

La joven puritana era educada, no solo en casa y en la escuela, sino también en la iglesia. En una serie de sermones sobre educación religiosa de niños, Phillip Doddridge, se dirigió a jóvenes, diciendo: "primero, sean dispuestos a aprender las cosas de Dios. Segundo, oren por aquellos que les enseñan. Tercero, presten atención para que no aprendan en vano". En ese mismo sermón el continua, a cierta altura, dirigiéndose a los desatentos y también a los jóvenes piadosos, todos los que estaban llegando a la madurez. Como más y más nuestras congregaciones reciben pastores de sí mismas, por la gracia de Dios, yo pienso que presbíteros, y especialmente los pastores, precisan dar más y más atención a los padres dirigiendo por lo menos partes de sus mensajes a nuestros niños sentados en la iglesia.

Mujer Puritana

Al respecto de eso, yo he citado hoy largamente el extenso libro escrito por el puritano John Angell James Piedad Femenina. La joven puritana a quien él se refiere, aunque ella no haya recibido una educación universitaria, debe haber sido por lo menos tan inteligente como muchas de nuestros días graduadas en medicina. Una mente precariamente educada habría sido considerable dificultad en acompañar a su razonamiento agudo y, a su vez, elevado vocabulario. Lo mismo podría ser dicho por el puritano A Guide for Young Disciples (una guía para jóvenes discípulos) de J. G. Pike. Tal vez nosotros debemos pensar dos veces antes de sentir pena por la así llamada escasa educación formal de las jóvenes puritanas. Después de haberme preparado para este tema yo creo que muchas jovencitas aprendieron más la real sustancia en pocos años de estudio que ellas tuvieron de lo que muchos de nosotros en tal ves dos veces los mismos años.

La educación puritana era siempre considerada un medio para un fin útil. La utilidad casi nunca era medida en términos de riqueza o de realización personal, pero si en términos de servicio para la familia y para otros. Tanto antes como después del casamiento, la jovencita puritana era frecuentemente animada a, en lenguaje puritano claro, "Ser Útil". Dirigiéndose a las Mujeres basado en

Filipenses 4:3, donde se lee sobre aquellas mujeres que "Juntas se esforzaron conmigo en el evangelio", El puritano John James escribe página por página despertando a las mujeres, no "para hacer prosélitos de una denominación para otra", sino al "Trabajo más noble y santo de salvar las almas de sus semejantes, especialmente aquellas de su propio sexo…" el agrega una advertencia, con todo. "El camino de celo religioso es frecuentemente sobre una inmensidad, sobre piedras puntiagudas y rocas descubiertas… ustedes tendrán que hacer sacrificios de tiempo, confort, diversión, sentimientos, tal vezde amistades; usted tendrá que soportar dificultades, y encontrarse con muchas cosas desagradables; ustedes tendrán que estar preparadas para abandonar su propia voluntad…reivindicaciones por prominencia. ¿Ustedes pueden ser celosas de buenas obrasen tales términos? Si es así, vamos; sino vuélvase". Fiel a la forma puritana, el escritor prosigue describiendo cuales características espirituales eran pertinentes para ese trabajo y después continúa destacando "Los medios por los cuales su celo puede ser empleado apropiadamente a su sexo, edad y circunstancias".

Cualquier joven podría ser útil. El mismo autor ilustra este mismo punto contando una historia sobre una niña que estaba ofendida con el hecho de varias tiendas en su vecindad estaban abiertas el domingo. Ella fue hasta su ministro y le pidió folletos sobre la obediencia del día del Señor, los coloco en unos sobres y los dejo en las casas vecinas. Siete tiendas acabaron por cerrar el domingo. Los puritanos, fuesen niñas o hombres maduros, no eran personas del tipo "No hacemos nada". Sino que mucho de lo que ellos hacían, lo hacían con seria preparación, consulta sabia y acción en oración. Una pregunta para nosotros es: "¿Nuestras hijas son útiles en el sentido bueno y correcto de la palabra?". ¿Y en cuanto a eso, nosotros lo somos?

Cortejando

Al prepararse para pensar en casamiento, era típico decir a una joven puritana que afección estable de ambos lados en una relación era generalmente una señal de apoyo divino al casamiento. Todavía, ella no debía necesariamente procurar por alguien a quien ella amase en aquel preciso momento, sino aquel a quien ella podría amar de forma permanente. Esta es una importante distinción (expandir emoción vs. Criterio).

La joven puritana era enseñada que el amor por el Señor debía venir primero y el amor humano debía alimentar ese amor y no desviarla de él. Sin embargo, el amor marital, una vez que el hombre y la mujer estuviesen unidos, debía ser igual al de la iglesia por Cristo, aunque subordinado al amor de ella por el Señor.

Packer nos habla que el hombre puritano típico oraría mucho y pensaría bastante en una compañera en potencial. Que ella fuese una cristiana seria era una condición. (Haga una pausa y considere esto) Belleza de mente y carácter era enfatizado mucho más, que belleza externa. Una completa aprobación del carácter de la joven precedería la corte. ¿Cómo se hacía eso? El intentaría descubrir su reputación, observar como ella

Mujer Puritana

acostumbra hacer en la convivencia con otras personas, como se vestía y conversaba, y a quien ella seleccionaba como amigos. El puritano Robert Cleaver escribió: "Escoge una compañera para tu vida como antes escogiste compañías iguales a ti". Los puritanos Dod y Cleaver en su A GodlyForm Of HouseholdGovernment (Una forma piadosa de gobernar la familia) afirman: "Vean uno a otro comiendo y recordando, trabajando y jugando, conversando, riendo y desaprobando también; oh, en caso contrario, puede ser que se tengan el uno para el otro menos de lo que se esperaba, o más de lo que deseaban".

Los puritanos usaban el modelo bíblico de cotejar, experimentado y verdadero, en lugar del modelo moderno, en lugar de las prácticas de enamoramiento de hoy. Ellos tenían pocas esperanzas para aquellas cosas cuyas afecciones sobrepasan a la razón. De forma típica, la razón era empleada en primer lugar en procurar por un enamorado y las afecciones deberían seguirlas obedientemente. Tal vez sea sorprendente para nosotros, pero ellos frecuentemente lo conseguían.

Cuando un cierto Michael Wigglesworth deseó persuadir a una mujer piadosa a casarse con él. Él le escribió, no proclamando un amor violento por ella, pero, en vez de eso, hiso cuidadosamente una lista de diez razones por la cual ella debería casarse con él y después respondió a dos objeciones a la unión de ellos levantadas por ella. Ahora la primera de las razones de ella se asemeja al amor romántico con el cual todos nosotros estamos muy familiarizados- "mis pensamientos y corazón han sido solamente por usted desde nuestro primer encuentro"- las otras razones no fueron productos de pasión, sino de piedad.

La razón dos nosotros leemos que "estoy buscando a Dios de forma seria, fervorosa y frecuente por orientación y dirección en una cuestión tan seria, mis pensamientos todavía han sido determinados y fijos en usted como la persona más adecuada para mí".

Razón tres: "A eso no he sido llevado por fantasías (como muchos son en casos así), sino por una razón y juicio saludable, principalmente amando y deseándole a usted por aquellos dones y gracias que Dios le dio, y viendo la gloria de Dios, la belleza y proclamación del evangelio. El bien espiritual, también como el bien exterior de mí mismo y de mi familia, juntamente con su bien y de sus hijos, como los objetivos que me inducen a eso".

Para acortar la historia: la señora se casó con Wigglesworth. ¿Qué padre hoy no desearía tal pretendiente para su hija?¿Nuestra forma de aproximarnos a una relación en nuestros días actuales no estamos tal vez apartándonos de esta preparación seria para el casamiento? una conclusión errada a la cual no queremos que se llegue es decir que los sentimientos de amor no son importantes. El amor tenía que ser precedido y calmado con consideraciones serias, espirituales.

II.   La Esposa Puritana

Para los puritanos la unión del matrimonio era considerada "La fuete y raíz principal y original de todas las otras sociedades". En otras palabras, ¿si los casamientos no eran buenos, como podría la iglesia o la sociedad ser? Nosotros vamos a considerar la esposa puritana en varios de sus papeles.

Como amiga y compañera

John Angell James escribe que en el estado del casamiento la esfera de trabajo de la mujer es su familia. En muchas tribus no civilizadas o donde el cristianismo es desconocido, el observa la esposa "es quien trabaja duro, en cuanto el marido vive en insolente pereza". El cristianismo verdadero, dice James, libera a la mujer de eso.

Los deberes de la mujer cristiana comienzan en casa, estando ella en el centro, en primer lugar después de su marido. En una sección conmovedora en su libro Female piety (Piedad femenina), James escribe: "En la vida de casada, ella debe ser su compañera constante, en cuya sociedad ella debe hallar alguien que se una a el mano a mano, ojo con ojo, labio con labio y corazón con corazón:

Mujer Puritana

a quien él puede desahogar los secretos de su corazón presionado por los cuidados, u oprimido por angustias; cuya presencia ella tiene como prioridad delante de toda la sociedad; cuya voz será para él la música más dulce; cuya sonrisa, su luz del sol más brillante: de quien él se apartara con pesar, y a cuya conversaciones el retornara con pies ansiosos, cuando los labores del día hayan terminado; quien caminara cerca de su corazón amoroso, y palpitara el pulso de sus afecciones cuando los brazos de ella se apoyen en él y fuere presionado a su lado. En los momentos de conversaciones a solas él le hablara de todos los secretos de su corazón; encontrara en ella todas las capacitaciones, todos los estímulos, de la más tierna y encarecida sociedad; y en su gentil sonrisa y locuacidad, gozara de todo lo que pueda ser esperado en quien fue dado por Dios para ser su compañera y amiga".

En resumen, la esposa puritana fue dirigida para consolar y animar a su marido, aliviar su carga compartiéndola. Ella también debe ser su confidente y consejera. James continua: "Ni ella debe ser diligente en ofrecer, ni el negligente recibir los consejos de sabiduría que ella pueda sugerir con prudencia, aunque mucho de ella no tenga íntima familiaridad con todas las complicaciones de los negocios de este mundo". Alguien puede pensar que los

Mujer Puritana

puritanos eran contradictorios en algunos aspectos con relación a la influencia que la esposa puritana debería ejercer. Por un lado, John James admirablemente cita AdolpeMonod, que escribió: "La mayor influencia en la tierra, sea para bien o para mal, es poseída por la mujer". Sin embargo, cualquier persona que consiga cualquier escrito puritano en la cuestión del casamiento encontrara dos palabras, sumisión y subordinación, literalmente puntuando las páginas. ¿Cómo es posible que ella sea sumisa y, todavía, tan influyente? Este es un secreto que tristemente nuestra generación precisa extremadamente descubrir.

Sumisa y Subordinada

Sumisión, subordinación: estas son, para la mayoría de las mujeres hoy, palabras que suenan como dañinas, cuando son usadas en el contexto del casamiento. Muchas mujeres occidentales modernas prefieren pensar acerca del casamiento en términos de igualdad, cooperación, como un time, y expresiones como esas. Para los puritanos, y, de hecho, de acuerdo con efesios 5:22, cuando una mujer, una esposa, pierde de vista los

Mujer Puritana

conceptos fundamentales de sumisión y subordinación con respecto a su marido, eso no es menos herético que si la iglesia perdiese de vista su sumisión a Cristo. A pesar de la frecuente mención de esas palabras, sin embargo, los puritanos no equiparaban sumisión a la servidumbre. Una mujer, haciendo como Dios la designo para hacer, era considerada un bien poderoso para cualquier marido, familia y nación, es una mujer que conocía la alegría de hacer la voluntad de Dios.

No cometa errores, los puritanos no eran insensibles a las frecuentes circunstancias difíciles de la mujer. Ni eran ellos, mismos en su época, privados de crítica por su insistencia en el papel sumiso de la mujer. John Angell James escribió: "pero tal vez se haga la pregunta si yo colocaría a toda mujer casada dentro del circulo doméstico, y, con celo y autoridad de un déspota oriental, la confinaría en su propia casa; o si yo la condenaría y la degradaría al mero trabajo penoso del hogar". Vea usted, la mentalidad feminista no está sujeta al siglo XX, pero si tiene un pie en todas las generaciones desde la caída. James continua diciendo: "ella, con mi consentimiento, nunca dejara el fregadero junto a su marido para ser pisada sobre sus pies. Ella no tendrá un rayo de su gloria extinguida, ni será desprovista de una única honra que

pertenezca a su sexo; pero ser la instructora de sus hijos, la compañera de su marido, y la reina consorte del estado domestico no es ninguna degradación; y ella es degradada solamente para quien piensa así". Además el concede la influencia de ella tanto en la esfera social y entre sus amigos como en su propia casa, el advierte que "fiestas incesantes de placer y círculos constantes de entretenimiento no son su misión, pero, si, contrarrestar e impedir esas cosas". No se debe olvidar que la porción del hombre puritano en la vida era frecuentemente de monotonía, dificultad y sacrificio. La vida era simplemente difícil, para toda la familia. Me gustaría encontrar nuevamente la brillante cita de J. I. Packer al respecto, pero el núcleo de la cuestión era que los puritanos no hacían siempre cosas extraordinaria de forma excelente, pero la fuerza de ellos era que, por la gracia de Dios, ellos hacían cosas ordinarias de modo excelente.

Benjamin Morgan Palmer escribe: "Al asumir la relación de esposa, una mujer se rinde mucho; pero ahora es una rendición" El continua diciendo que ella era ciertamente más independiente antes del casamiento, pero voluntariamente abre la mano de esa independencia a favor de las ventajas del casamiento, más de lo que era la re compensador por su perdida. El escribe: "Comparando

Mujer Puritana

los dos, ella deliberadamente escoge ser menos libre a fin de ser más feliz, y, por eso, ella se somete…lejos de ser deshonrada en su subordinación, esa es por toda la vida una consagración consiente de si a la condición de su elección".

En adicción a eso, Palmer escribe: "La sumisión de ella es, por tanto, una fuente de honra. Ella no es humillada con eso, mas exaltada… no es un sacrificio sin compensación. Ella abre su mano de independencia, pero adquiere control…ella encuentra una satisfacción llena de descanso en adherir su confianza, apoyándola en una estructura más fuerte que la suya propia". Palmer continua diciendo que, pero ahora ella gana responsabilidad y autoridad al guiar su hogar, ella no es sobrecargada normalmente a cargar el peso sola. Si sus hijos fuesen educados de forma apropiada, a su subordinación como esposa será más que compensada cuando ella fuera elevada a la "supremacía de reina como…madre".

Consoladora y Compañera Íntima

Mujer Puritana

La esposa puritana ideal no era ningún sargento entrenador o estoica. Ella tampoco era una sirvienta o alguien condenado a llevar siempre delantal. Esos son todos estereotipos impuestos a los puritanos por historiadores ignorantes. Considere estas citas de los propios puritanos:

"La esposa es un orden para el hombre: como una pequeña Zoar, una ciudad de refugio donde huir en todos sus problemas: y no hay ninguna paz comparable a ella, a no ser la paz de conciencia".

"Una buena esposa siendo... la mejor compañera en la fortuna; la más adecuada en la pronta asistencia en el trabajo; el mayor confort en las tribulaciones y pesares; y la mayor gracia y honra que puede haber para quien la poseyó".

"Es recibir misericordia tener una amiga fiel que ama enteramente... a quien usted puede abrir su mente y comunicar sus asuntos... y es recibir misericordia tener tan cerca una amiga que sea auxiliadora de su alma... al incitar en usted la gracia de Dios".

"Dios, quien instituyo el casamiento dio la esposa al marido para ser, no una sierva, pero si su auxiliadora, consejera y consoladora".

Mujer Puritana

Richard Baxter, escribiendo sobre los deberes del marido y de la esposa, nos da una mirada de primera mano dentro del corazón de las relaciones matrimoniales puritanas:

1- Amar enteramente uno al otro y por eso escoger una que sea verdaderamente amable…; y evitar todas las cosas que tiendan a sofocar su amor.

2- Morar juntos, disfrutar unos del otro, y fielmente se unan ayudándose en la educación de sus hijos, en el gobierno de la familia y en la administración de los negocios seculares.

3- Especialmente ayúdense mutuamente en la salvación uno de otro: estimular uno al otro a la fe, al amor, a la obediencia de buenas obras: advertir y ayudar uno al otro contra el pecado y todas las tentaciones; únanse en culto a Dios en familia y en privado: preparar uno al otro para acercarse a la muerte y conforte uno al otro con la esperanza de la vida eterna.

4- Evitar todas las disensiones, soportar unidos aquellas enfermedades que no pueden tener cura en uno o en el otro: calmar y no provocar, pasiones incontrolables; y, en cosas legítimas, agradar, satisfacer uno al otro.

Mujer Puritana

5- Preservar la castidad y fidelidad conyugal, evitar toda conducta inadecuada e inmodesta en relación a otro que pueda incitar celos que sea injusto.

6- Ayudar el uno al otro a soportar sus cargas (y no tornarlos mayores con la impaciencia). En la pobreza, tribulaciones, dolencias, peligros, confortar y apoyar uno al otro. Y sean compañeros deleitables en amor santo, en esperanza y deberes celestiales, cuando todas las otras comodidades falten.

Sus Deberes

John Cotton, en su A MeetHelp (Una Ayuda Adecuada) escribe que el deber de la esposa era "estar en casa, educando sus hijos, preservando y mejorando lo que es conseguido por la industria del hombre". El historiador Edmund Morgan agrega que "Lo que el marido proveía ella distribuía y transformaba a fin de suplir las necesidades diarias de la familia. Ella transformaba harina en pan, lana en ropas y estiraba los centavos para comprar lo que ella no podía hacer". En algunas casas, la esposa cuidaba de las finanzas de la familia. En una breve descripción puritana del trabajo puede leerse: "Guiar la

Mujer Puritana

casa y no al marido". "Es bien claro que, para los puritanos, ser una esposa y madre no era un trabajo: era un llamado".

Con Relación a su Marido

De la actitud de la esposa puritana con relación a su marido Morgan nos dice que "Ella debería, por tanto, verlo con reverencia, una mezcla de amor y temor, no, con un temor de esclavo, que es nutrido con odio o aversión; sino un temor noble y generoso, que procede del amor". Ella no era sierva o esclava de él. Hay veces que los hombres eran multados hasta por sugerir tal cosa, especialmente si algún vecino oyese eso sin querer y lo reportase a las autoridades. El marido podía y con frecuencia era puesto por las autoridades si el golpease a su esposa o si la mandara hacer algo contra la ley de Dios. Samuel Willard escribió que el marido debía gobernar su esposa de tal manera que "su esposa pudiese deleitarse en eso, y no tomarse eso como una esclavitud, sino libertad y privilegio; y la esposa debería trasmitir eso a su marido de modo que él estuviese contento con ella: y

Mujer Puritana

cualquier cosa que sea contraria a eso y sea doloroso para alguna de las partes, deriva no del precepto, sino de la corrupción que hay en los corazones de los hombres".

El amor no era considerado algo extra, sino un deber, una obligación solemne cumplida alegremente. En la obra Well-Orederedfamily (familia bien ordenada) de Benjamín Wadsworths, nosotros leemos: "...Si ella (la esposa) golpea a su marido (como algunas descaradas, imprudentes desgraciadas harán) si ella es cruel en su conducta, usa lenguaje ruin, es mal humorada, cara agria, tan irritada que raramente como o habla poco; aparte de eso, si ella es negligente en manifestar amor real y amabilidad en sus palabras y en su conducta, ella entonces disimula su profesión de cristianismo, ella deshonra y provoca a Dios glorioso, pisotea su autoridad; ella no solo confronta a su marido, sino también a Dios, su autor, legislador, y juez con ese comportamiento impío".

La estabilidad del Casamiento

Los puritanos tomaban cuidados para preservar los casamientos y mantener las personas casadas juntas.

Frecuentemente, hasta las mismas cortes judiciales sentían que este era su deber paternal. A una mujer, por ejemplo, fue dicho por la corte que ella tendría que permanecer en Boston y debería volver a su casa y a su marido. Si una esposa abandonaba a su marido (o viceversa), ella debería esperar una multa, y el hombre, multas y tal vez azotes severos. Si un hombre o una mujer viniese a Massachusetts sin su marido o esposa, ellos podrían después descubrir que su permanencia seria acortada por la corte, a menos que ellos pudiesen probar que estaban en negocios temporales o preparando un lugar para su conyugue anticipadamente. Si un conyugue viniese solo de Inglaterra, él o ella seria embarcado de vuelta en el barco siguiente. Conyugues que huyesen si fuesen encontrados, eran frecuentemente forzados a volver para su casa y el matrimonio seria mantenido junto encerrados hasta que las dificultades sean admisiblemente resueltas.

Las leyes no solo enfocaban que continuasen conviviendo, sino que procuraban que eso fuese hecho de forma pacífica. Cada uno era prohibido por la ley de pegar o usar lenguaje agresivo. La ley se involucraría y hasta emitiría multas si ellos encontrasen un hombre o señora manteniendo lo que el magistrado considerasen una

compañía muy frecuente con otra persona que no fuese el conyugue. En la nueva Inglaterra el adulterio se tomó muy seriamente y condenado severamente. Las condenas variaban de multas a azotes, estigmatizar, o uso de una gran letra "A", e incluso, ejecuciones simbólicas, aunque raramente ejecuciones reales. Nuestro gobierno hoy no tiene un papel de esta misma manera tan típica en preservar el casamiento, cuanto más, entonces, los miembros individuales en la congregación deberían estar tomando este papel en promover casamientos fuertes y estables, nosotros no estamos defendiendo que las personas sean entrometidas, pero sí que sean con un sentido de deber y amor cristiano.

Amor

Aunque ahora haya énfasis en la necesidad del amor en un matrimonio (también en nuestra forma de casamiento), los casados eran advertidos contra el amor no moderado. Es triste que en nuestro días muchos conyugues reclaman por mas amor de sus parejas. Para los puritanos, si alguien apreciaba a su marido o esposa de forma muy elevada era desarmar el orden de la

Mujer Puritana

creación y descender a la idolatría. John Cotton escribió: "Cuando nosotros nos deleitamos excesivamente con nuestros maridos, o esposas, o hijos" eso "embrutece y estorba a la luz del Espíritu". Hombres y mujeres rechazaran a su autor cuando fueren "tan trastornados en sus sentimientos" que ellos no objetaran "ningún fin más elevado que el casamiento en sí mismo". El verdadero amor marital tenía en vista que los hombres casados deberían "verlas (a sus esposas) no para su propio fin, sino para ser más bien preparados para el servicio de Dios, y para traerlos más cerca de Dios".

No era raro para los ministros recordar a los recién casados a "Amar uno a otro sobre todo y de todos en el mundo", por eso ellos frecuentemente añadían la advertencia: "que se tenga cautela para que no se amen desordenadamente, porque la muerte después los separara".

Cartas entre maridos y esposas piadosos con frecuencia muestran evidencias de este balance. Una carta del Rev. Edward Taylor de Connecticut comienza: "mi Paloma, le envió no mi corazón, pues eso yo confío que fue en enviado a los cielos hace mucho tiempo atrás... per ahora, lo mas de aquello que es permitido darle a cualquier criatura seguramente y únicamente caí como su porción".

Mujer Puritana

Cotton Mather escribió sobre el lecho de muerte del Rev. Jonathan Burr, que dice a su esposa: "No gaste mucho tiempo conmigo, pero valla, siga su camino y gaste algún tiempo en oración: usted no sabe lo que puede obtener de Dios; yo temo que usted observe demasiado esta aflicción".

J. I. Packer nos recuerda en su obra sobre los puritanos, entre los gigantes de Dios (editora Fiel), que nosotros podemos aprender una importante lección de los puritanos al respecto de este tema: ver y sentir más la naturaleza transitoria de esta vida, y en particular, de nuestros casamientos.

La vida puritana era difícil, y con frecuencia muy pasajera. Observe esta extensa descripción de Packer:

"Los puritanos experimentaron persecución sistemática por su fe; las ideas que tenemos hoy de los confort de una casa eran desconocidas para ellos; sus medicinas y cirugías eran rudimentales; ellos no tenían aspirinas, tranquilizantes, somníferos o píldoras anti depresivas, así como tampoco tenían ningún seguro social o privado; un mundo donde más de la mitad de la población adulta moría joven y más de la mitad de los niños que nacían morían en su infancia, (una medida de expectativa de

vida inferior a los treinta años, dolencias, peligros, aflicciones, des confort, dolor y muerte eran sus constantes compañeros. Ellos estarían perdidos si no mantuviesen sus ojos en el cielo y no se conocerían a sí mismos como peregrinos rumbo al hogar en la ciudad celestial". "... la conciencia de los puritanos de que en medio de la vida nosotros estamos en la muerte, apenas a un paso de la eternidad, les dio una profunda seriedad, Calma aunque apasionada, con respecto a los negocios de la vida que los cristianos en el mundo occidental de hoy opulento, mimado, materialista, raramente se conseguían igualar. Yo pienso que pocos de nosotros vive diariamente al margen de la eternidad de la forma consiente que los puritanos Vivian, y el resultado es que nosotros estamos en desventaja". "Ellos tenían un "realismo en la materia de hecho" con el cual ellos se preparaban para la muerte, como si siempre se encontrasen, como por decir, de mal orden, prontos para ir. Calculando así, la muerte trajo apreciación por cada día de la vida cotidiana; y el conocimiento de que Dios es quien decide al final, sin consultarlos, cuando su trabajo en la tierra estuviese terminado, trajo energía para el próximo trabajo en cuanto ellos ahora les era dado tiempo para proseguir en él".

Mujer Puritana

III.   La madre Puritana

Aunque el marido fuese considerado la autoridad final en la casa, con relación a sus hijos y a los siervos, él debía permitir a la esposa el lugar apropiado de autoridad sobre ellos. El marido y los hijos debían respetarla de esa forma. De hecho, una comisión teológicapublicó en esa época: "… aunque, ahora el marido sea cabeza de la esposa, todavía ella es cabeza de la familia".

El lugar de la madre puritana ciertamente era en casa. Un puritano (tardío) Benjamín Morgan Palmer, escribió: "La esposa encuentra su mundo en el hogar, cuyo cuidado pertenece profesionalmente a ella. Es su función presidirlo, así como es el juez sentado en su tribunal…o al del mercader moviéndose en los círculos de comercio". Al seguir, Palmer describe las diferentes esferas de influencia desganadas por Dios al marido y a la esposa, concluyo: "Tan pronto los límites entre ellos sean definidos, y ninguna parte sea dispuesta a invalidar el lugar designado por naturaleza al otro, serios choques serán evitados".

Palmer resalta que si la esposa vive con el respeto apropiado por su marido, ella se puede dar como ejemplo para sus hijos del porque la obediencia de ellos a su padre puede ser completamente consistente con su respeto

Mujer Puritana

propio y felicidad. El escribe: "La esposa no impone nadaque ella misma, hora por hora, no practique. En el momento que ella ordena, ella lidera en el modo de obedecer". Los niños no precisan aprender esa lección con palabras: todo puede ser comprendido en una mirada de ojos. Esto es, el resalta, de hecho nada diferente de aquello que el propio SeñorJesús hace. Jesús voluntariamente se colocóel dulce jugo de su padre, hasta la muerte, y fue altamente exaltado por haber hecho así. La madre puritana debía hacer eso mismo.

Educación de los Hijos

Damos la vuelta completa al considerar ahora a la madre puritana entrenando a la próxima generación de muchachas puritanas. Benjamín Palmer nos ofrece una advertencia en la hora certera, cuando el exhorta a los padres puritanos en cuanto al método de enseñanza que ellos ponían en práctica con sus hijos. El resalta, creando suspenso en los detalles, que métodos probablemente terminara en tristeza. El llama la atención, en primer lugar, contra el hogar…

1- Donde hay severidad, rigor habitual, manteniendo los niños angustiados, y nunca entrando con simpatía vivas de las alegrías y tristezas de él o ella. El guarda en sí mismo reserva, muy absorbido en las preocupaciones de los negocios, muy temeroso de entrar en el simple mundo de nuestros hijos. El concluye este punto diciendo que un padre que evita esta trampa "gobierna fácil y bien, y gobierna casi sin frenos o rienda".

2- El peligro de la extorción constante y dura del deber requerido. No deje que la única vos paternal oída sea la que manda, él advierte. Un padre, él continua, es más que un supervisor. Un hijo, el concluye, debe ser capaz de sentar a la luz de la sonrisa de sus padres y regocijarse en su amor.

3- Hay el peligro de la crítica superflua y sarcástica. Ninguno debe estar atento para encontrar faltas. El escribe: "es mejor dejar la manga de la chaqueta abierta de lo que, es peor, abrir (lastimar) el corazón del niño, que es retado por un padre a quien él debe dar cuentas de todo contratiempo..."Al contrario, donde hubiere un deseo evidente de parte del niño para agradar, reconozca y anime al mismo, aunque la manera de expresar no sea en lo general satisfactoria.

Mujer Puritana

4- Evite favoritismo y comparaciones despreciativas entre un niño y otro. La herida causada de esa forma "quema como carbón encendido en el corazón que se siente rechazado"

5- Tenga cuidado del castigo severo infringido por la rabia o en grado excesivo. El escribe que los niños pueden rápidamente entender entre el castigo que es merecido de aquel que es producto de la rabia excesiva. Nunca humille o degrade, sino que antes corrija para corrección.

6- Finalmente, conforme nuestros niños van creciendo, tenga cuidado para no retener autoridad cuando debería gradualmente ser dado camino a la persuasión. El escribe: "es una parte del propio entrenamiento empujar a la joven águila sobre sus propias alas para pilotear en el aire" El joven de dieciséis no puede ser gobernado como el niño de seis años; y pierde su oportunidad el padre que no fue capaz de, quieta y gradualmente, permanecer su influencia en lugar de su autoridad...sabiduría y trato son requeridos para así efectuar cambios. Además, como el tiempo en que el ejercicio de autoridad deberá cesar debe llegar, la manera como se dará esa gentil abdicación debería ser objeto de estudio de los padres".

Mujer Puritana

¿Quién de nosotros no recuerda con culpa al oír esa advertencia?Pueda Dios perdonar nuestros pecados, y además darnos gracia para andar en el camino bueno y recto en lo que se refiere a nuestros hijos.

Mujer Puritana

IV. Conclusiones

1- Primero, nosotros no debemos olvidar que los puritanos eran personas como nosotros. Ellos tenían sus temperamentos, sus fracasos, sus pecados, exactamente como nosotros tenemos. Pero ellos exhibían así, con todo, una serie de determinación, por la gracia de Dios, de vivir tan cerca de los padrones bíblicos cuanto ellos podían discernir que ello debería ser. Ellos llevaban la palabra de Dios más enserio que cualquier otra cosa en la vida. Nosotros precisamos eso también.

2- Los puritanos eran sujetos a muchas pruebas y dificultades. Eso fue usado por Dios para moldearlos en un pueblo cuyo enfoque de la vida no estaba en esta vida. Dios usaba sus frecuentes encuentros con la muerte para darles una "otra mundanidad"-ellos verdaderamente Vivian como peregrinos y extranjeros en la tierra. Esta educación penetró en la educación de los niños y penetro también en lo más privado del reposo de la vida humana, la unión matrimonial. Nosotros precisamos de la gracia de Dios para vivir en todos los tiempos a la vista de la eternidad y de las cosas eternas.

Mujer Puritana

3- La mujer puritana no era una mujer que apenas se contentara con vivir conforme al padrón bíblico de Dios, sino que era entusiasta en hacer eso, perfeccionándolo casi como una ciencia, ella podría vivir ese padrón en toda su plenitud y complejidad. Nosotros cosemos vestidos usando modelos. Ellas cosían su vida por el modelo de las escrituras.

4- La visión puritana al final cedió lugar a la invasión del mundanismo de nuestra época. Creo que nosotros también estamos perdiendo rápidamente los distintivos dejados por un mundo rápidamente invasor. Yo temo que todos nosotros hemos captado mucho más del espíritu de este siglo de lo que nosotros percibimos. Precisamos de la gracia de Dios para arrepentirnos y procurar retomar, por su fuerza al terreno perdido.

5- Nosotros apenas podemos hacer eso cuando nuevamente y seriamente consideramos nuestro papel ordenado por Dios en la educación de nuestros hijos. Sean ellos enseñados en casa o educados en una escuela cristiana, nosotros nunca podemos "abandonar" la responsabilidad de entrenar a nuestros hijos pasándola a otros. Nosotros tenemos que ser diligentes y vigilantes para estar seguros de que no solo el nombre de la educación de nuestros hijos sea

Mujer Puritana

"cristiano", sino que la sustancia de ella lo sea. Ninguna escuela o iglesia puede responsabilizarse por los votos que usted hizo cuando su hijo fue bautizado. Usted tendrá que responder por esos hijos en el último día.

6- Estudiar, buscar, orar, aplicar las Escrituras —ese era el corazón de la vida puritana. Nosotros podemos aprender con ellos. Nosotros no solo apenas debemos buscar dirección de la palabra de Dios, pero nosotros podemos, con la bendición de Dios, también aprender mucho de nuestros antepasados a través de sus escritos. Nunca deje que los escritos de los hombres suplanten la palabra de Dios. Pero, si, permita que esos escritos complementen su lectura de las escrituras.

Lo que John Gree escribió sobre el carácter de un viejo puritano ingles podría ser correctamente aplicado a la mujer puritana que nosotros hemos intentado exponer para usted hoy. Ella era… (Una mujer libre), firme todo el tiempo, de modo que aquellos que, en medio de muchas opiniones, habían perdido la visión de verdadera religión pudiesen volverse a ella y encontrarla allí.

Mujer Puritana

Trabajo de traducción: Pastor Sebastián Santa María

Iglesia Puritana Reformada en Argentina

Tomado de editora Os Puritanos (A Mulher Puritana) en su versión gratuita para descarga y lectura.

Dedico esta traducción a mí amada esposa Lorena y a nuestras dos hijas, Jaqueline y Johana, y a todos cuanto el Señor desee beneficiar con este trabajo.

Mujer Puritana

18846679R00030

Printed in Poland
by Amazon Fulfillment
Poland Sp. z o.o., Wrocław